Alphonse Huillard-Bréholles

La Papauté et le Droit impérial en Italie

Essai

ISBN : 978-1987634129

10 9 8 7 6 5 4 3 2 1

Alphonse Huillard-Bréholles

La Papauté et le Droit impérial en Italie

Essai

Table de Matières

Introduction

L'attention publique est sans cesse ramenée sur la question italienne, même après les péripéties soudaines de la guerre et de la paix, par des incidents imprévus qui déroutent les combinaisons des politiques et les efforts des diplomates. Au fond, c'est le principe nouveau du droit populaire qui se met en lutte avec le vieux principe de la souveraineté traditionnelle, c'est la voix d'un peuple qui demande que ses vœux soient comptés pour quelque chose dans le règlement de ses propres destinées. La terre classique des bouleversements et des convulsions intérieures veut enfin s'asseoir et se fixer, le pays qui s'est tenu si longtemps en dehors du mouvement politique européen réclame aujourd'hui sa place au conseil des nations. Une profonde incertitude règne encore sur la solution finale de la question italienne aussi bien que sur l'organisation future de la péninsule; mais cette incertitude même tient l'opinion dans une sympathique anxiété, car la France ne peut vouloir d'autre prix de ses sacrifices que le bonheur d'une alliée à qui elle se trouve unie par tant d'origines communes.

Un grand mot a été prononcé, celui de confédération italienne, et ce mot répond à un système déjà conçu ou adopté par quelques publicistes éminents de l'Italie moderne; mais, entièrement nouveau dans les faits, ce système présente par cela même dans son application de graves difficultés. Ces difficultés tiennent plus encore peut-être au tempérament du peuple italien qu'à l'ancienne division politique de la péninsule. Ce qui domine, ce qui explique en effet l'histoire de l'Italie depuis la chute de l'empire romain, c'est une théorie entièrement opposée à la conception fédérative; nous voulons parler de la théorie du droit impérial : droit abstrait, mal défini, invoqué tour à tour par l'Italie contre l'Allemagne, par l'Allemagne contre l'Italie, symbole de grandeur et d'unité en même temps que source de misères et de discordes, si faible qu'il ne put rien fonder, si fort qu'il faut encore aujourd'hui compter avec lui.

Dans sa fameuse circulaire du 29 avril 1859, M. de Buol disait à l'Europe : «L'Autriche est une puissance conservatrice, pour laquelle la religion, la morale et le *droit historique* sont sacrés... La Lombardie a été pendant des siècles un fief de l'empire d'Allemagne. Venise fut donnée à l'Autriche en échange de sa renonciation à ses provinces belges... La domination de l'Autriche sur le Pô et l'Adriatique est un droit solide et inattaquable sous tous les rapports. » Depuis lors, la fortune de la guerre a décidé contre l'Autriche, mais les actes officiels constatent encore que l'Autriche, en faisant la paix, cède ses droits sur la Lombardie. Toutefois on ne saurait nier que cette transaction ne soit un pas décisif. Là où l'Autriche représentait l'ancien droit impérial qui a constamment et fatalement pesé sur le sort de la péninsule, elle n'est plus : elle ne subsiste que dans un pays où son autorité est récente, qu'elle ne possède de son aveu que par voie d'échange, et qu'elle a promis de rattacher elle-même à la grande famille italienne. Le droit impérial et la domination étrangère subissent ainsi du même coup un irréparable échec. L'autorité, même modifiée, que l'Autriche conserve dans la Vénétie a dû froisser assurément le sentiment national italien; mais elle aura pour résultat de tenir ce sentiment en éveil, de l'empêcher de s'alanguir après un enthousiasme passager. Enfin ce qui importe le plus, c'est que l'Autriche ne puisse faire pencher en sa faveur l'équilibre des forces, et la première condition de cet équilibre, c'est aussi que les gouvernements inertes, les souverainetés nominales qui se partageaient le centre de l'Italie se transforment en un état compacte, ayant une vie propre, une autonomie réelle, une direction nationale.

On a dit ici même, et en un certain sens avec raison, que politiquement la situation anormale de l'Italie avant la dernière guerre était un fait tout moderne, que la domination étrangère dans ce pays n'était point fondée sur une possession traditionnelle, sur une légitimité interrompue, puis rajeunie par quelque retour de fortune, mais qu'elle dérivait uniquement du droit tout-puissant de la force. Assurément l'Autriche, quand elle vint occuper l'Italie du nord en vertu des traités de 1815, n'était plus le vieux saint-empire retrouvant après une longue prescription son prestige au-delà des Alpes. Alors l'empire d'Allemagne avait depuis dix ans cessé d'exister, et personne ne songeait à le rétablir. Historiquement néanmoins, la question italienne se rattache au passé par des liens plus étroits qu'on ne le pense, et il nous paraît difficile de nier que les souvenirs de ce passé aient été sans influence sur la détermination des puissances qui remanièrent à Vienne la carte de l'Europe. L'Italie fut donnée à l'Autriche surtout parce que cette combinaison rentrait dans le nouveau système d'équilibre européen qui prévalait à cette époque, cela est incontestable; mais l'Italie lui fut aussi livrée parce que l'Autriche avait déjà possédé le Milanais à titre de fief impérial, et que, par l'effet d'une habitude invétérée, elle était considérée comme l'héritière naturelle de l'empire germanique. C'est en vertu du droit impérial que Wenceslas avait conféré aux Visconti, Maximilien Ier aux Sforze l'investiture du Milanais; c'est en vertu du même droit que Charles-Quint, à la mort de François-Marie Sforza, s'était emparé du Milanais comme d'un fief dévolu à l'empire, et qu'il en avait investi son fils Philippe II. Ce fut encore en invoquant ce droit impérial qu'après l'extinction de la branche espagnole de la maison d'Autriche, Joseph Ier en 1706, puis Charles VI par le traité de Bade, rentrèrent en possession de la Lombardie et la réunirent au domaine de l'empire. Faut-il donc s'étonner que les traités de 1815, malgré les réclamations du Piémont, aient de nouveau consacré une tradition qui avait dans le passé de si profondes racines?

Pour examiner avec calme et impartialité cette théorie du droit impérial en Italie, considéré dans son origine, dans sa nature, dans son influence sur les destinées de la péninsule entière, il faut s'isoler autant que possible de la polémique quotidienne; il faut écarter du débat tout ce qui a un caractère partiel et transitoire et ne s'attacher qu'à ces faits généraux et continus qui ont traversé les siècles et légué à l'Italie un si lourd héritage. Une étude rétrospective sur un tel sujet n'est donc pas sans opportunité même aujourd'hui; c'est ce que rend évident surtout le nouvel ouvrage, revu et remanié avec une si louable persévérance, où M. de Cherrier expose la lutte de l'empire et de la papauté. Cette lutte inféconde, qui a causé tous les maux politiques de l'Italie, abonde en enseignements douloureux que l'auteur sait mettre en relief avec indépendance et fermeté. On n'assiste point ici aux investigations d'un archéologue érudit interrogeant des ruines pour ranimer la poussière d'une société disparue; on rencontre un penseur, un historien qui, en présence d'un peuple toujours vivant et debout, cherche à résoudre le problème de ses agitations, à déterminer les causes de sa déchéance, à lui offrir les moyens de se régénérer. Il y a d'ailleurs un ensemble d'études au milieu duquel il convient de placer le livre de M. de Cherrier pour en mieux apprécier la signification et l'utilité. De nombreux travaux se sont produits bien avant les derniers événements sur les questions qu'agite l'historien de la lutte des papes et de la maison de Souabe. Le célèbre ouvrage du père Tosti sur *la Lega Lombarda*, où le moine du Mont-Cassin, au nom de la liberté, appelait le pape Pie IX à lever le drapeau et à soutenir la cause de l'affranchissement de l'Italie, avait été au-delà des Alpes comme un signal donné, sinon à la science positive, du moins à la polémique nationale. En France aussi, surtout dans ces dernières années, des historiens patients et sincères ont voulu remonter aux sources, étudier à fond les documents qui, en faisant mieux comprendre le passé de l'Italie, répondent encore aux préoccupations actuelles. Chacun de ces écrivains, après avoir tracé et dégagé la voie dans cette mêlée si confuse et souvent si contradictoire, s'est placé à un point de vue particulier, a développé quelque aperçu nouveau dans l'appréciation du rôle historique de la péninsule. Les uns ont exalté ce rôle outre mesure, les autres en ont diminué peut-être la réelle grandeur; la plupart du moins s'accordent sur ce principe, que l'Italie n'est pas seulement un nom géographique, mais qu'elle mérite d'avoir enfin une existence personnelle, une nationalité distincte. Peu importe que ce droit lui soit acquis à titre de récompense pour avoir initié l'Europe à la civilisation, ou bien à titre de dédommagement pour les longs malheurs qu'elle a subis; peu importe même la part d'erreurs et de fautes qu'on aurait à lui imputer dans la conduite de ses propres destinées. L'énergique expression dont M. Guizot se servait à propos de la Pologne, on peut l'appliquer à l'Italie, on peut dire que *le suicide national ne saurait excuser le meurtre étranger.*

L'Italie, de son côté, a bien prouvé qu'elle voulait revivre dès le jour où elle n'a plus séparé de l'idée d'indépendance le ferme désir d'une rénovation libérale. Elle s'est souvenue de ces paroles écrites à l'heure des revers par un de ses meilleurs citoyens : « Nous savons que l'occasion de reconquérir l'indépendance est peut-être encore éloignée. Nous l'attendrons avec une activité pleine de calme, nous appliquant non point à troubler inconsidérément le repos d'autrui, mais à réformer nos institutions dans ce lambeau d'Italie qu'on nous a laissé, à nous réformer nous-mêmes, à nous rendre dignes d'un regard de la Providence et capables de mettre à profit l'occasion quand elle voudra nous l'envoyer [1].» Cette occasion est venue, et avec elle le moment, pour le parti modéré, de recueillir les fruits d'une résignation si virile, d'une confiance si noblement perspicace. Pour être éclos rapidement sous le terrible feu des batailles, de tels fruits ne sauraient avorter.

Heureuse l'Italie si elle avait toujours pratiqué d'aussi sages maximes! heureuse surtout si dans les temps passés elle n'avait pas rêvé la domination du monde nouveau! Ce monde, une fois constitué, n'aurait pas réagi contre elle en la tenant en dehors du droit public européen. Huit siècles durant, la doctrine de la monarchie impériale a été l'idéal politique de l'Italie, l'illusion pour laquelle elle a abdiqué sa personnalité et manqué toutes les occasions favorables de se donner des limites, des institutions, une patrie. Le souvenir de l'empire romain, de la grandeur romaine, a enivré l'Italie du moyen âge, et c'est aussi ce qui l'a perdue. Elle alimentait ses espérances à la source où elle puisait ses souvenirs :

Tu regere imperio populos, Romane, memento.

Tel est le fait de premier ordre qui semble le point de départ de cette éternelle question italienne que l'on cherche à étudier ici sous un jour nouveau. L'examen d'un tel fait se rattache d'ailleurs intimement au plus violent débat qui, avant la réforme de Luther, ait agité le monde chrétien, à savoir la querelle du sacerdoce et de l'empire. Le livre de M. de Cherrier fournit à ce sujet les informations les plus exactes. En suivant d'un peu loin cet excellent guide pour la marche générale des événements, en le complétant au besoin sur certains points spéciaux, nous voudrions nous attacher à une considération principale, celle de l'influence du droit impérial et de la papauté sur les destinées de l'Italie.

Section I

Au milieu du vaste mouvement des invasions germaines, d'où sont sorties les nations modernes, l'Italie échut d'abord aux Goths, qui s'efforcèrent d'y fonder un royaume; mais l'Italie, encore toute romaine, rejeta ces barbares de son sein, et applaudit à la restauration de l'autorité impériale, accomplie par les victoires des lieutenants de Justinien. Après les Goths, une seconde couche de Germains vint se superposer sur le sol italien. Ces nouveaux conquérants méritaient d'y prendre racine, car ils étaient aptes à recevoir et à s'assimiler la civilisation latine, à opérer la fusion des races, à effacer par de bonnes lois et un bon gouvernement les maux de l'invasion, à devenir enfin avec le temps une puissance exclusivement italienne. Cependant les Lombards disparurent à leur tour, repoussés par l'inimitié des papes et balayés par les armes de Charlemagne. Le jour où Léon III posa la couronne impériale sur la tête du roi des Francs, le jour où aux acclamations des Italiens il transféra le titre de césar et d'auguste des empereurs grecs aux souverains germains, ce jour-Là est une date funeste pour l'Italie. Nous ne croyons pas que le pape ait été inspiré dans cette circonstance par le seul intérêt de son autorité temporelle, naissante à peine et mal affermie; ce serait une cause mesquine pour un événement immense. Cependant, en cherchant son point d'appui au dehors, en annexant à une domination grandiose, mais éphémère, le peuple dont il avait accepté la tutelle politique, le Saint-Siège assuma une responsabilité redoutable; il est vrai qu'il avait alors le sentiment italien pour complice.

L'unité matérielle de l'empire romain, un moment rétablie par Charlemagne, devint et resta le type adopté par l'Italie, parce qu'elle espérait ressaisir ainsi pour elle-même la suprématie dans le monde, et la papauté put croire qu'elle servait la cause commune en empêchant Rome et l'Italie de s'effacer dans l'isolement d'un royaume subalpin. La papauté persévéra dans cette première faute politique quand au Xe siècle, après le second démembrement de l'empire, elle se mit en opposition avec la branche carlovingienne italique, et rendit impossible la constitution d'un état particulier entre les mains de Bérenger et de Hugues. Il faut dire qu'à cette époque désastreuse, au moment où s'établissait la maxime féodale que la possession de la terre pouvait seule conférer les droits seigneuriaux, les pontifes de Rome commençaient à se préoccuper outre mesure de leur autorité territoriale, et, au point de vue de leur domination temporelle, il leur paraissait incommode et dangereux d'admettre aucun supérieur dans la péninsule. Ainsi, dès le principe, le maintien du pouvoir matériel du Saint-Siège devint un obstacle invincible à la fusion de l'église romaine et du royaume italien. Quand déjà toutes les royautés européennes commençaient à se dégager de la dissolution de l'empire carlovingien, l'Italie seule fut condamnée, soit à rester intérieurement désorganisée, soit à chercher en dehors d'elle un pouvoir modérateur et prépondérant.

Le besoin de direction et d'ordre est si impérieux pour les sociétés, que l'Italie, s'arrêtant au parti que choisissait la papauté, consentit à s'abriter sous le droit impérial. Jean XII, en couronnant à Rome le roi de Germanie Othon Ier, consacra irrévocablement une sorte de légitimité traditionnelle qui devait durer jusqu'à la fin du XVe siècle, et laisser derrière elle une empreinte indélébile. Le grand empire romain était donc renouvelé! l'idée de la monarchie impériale qui s'était perpétuée dans la mémoire des hommes semblait réalisée! Grandeur illusoire, réalité trompeuse, car au fond l'empire ne pouvait rien donner à l'Italie en échange de sa liberté, et l'Italie n'avait réussi par son abdication qu'à fortifier l'indépendance de la papauté. Encore même cette indépendance, loin de gagner à une telle renonciation la sécurité dont elle avait besoin, allait être mise en péril par les successeurs allemands de Charlemagne. Le Saint-Siège avait cru se donner un appui; il ne tarda point à sentir que l'auxiliaire pouvait se changer en maître, que l'*aroué* de l'église romaine pouvait devenir son accusateur et son juge.

La mosaïque à fond d'or qui décorait la tribune voisine de l'ancien palais de Latran représentait d'un côté le Christ remettant les clés à saint Pierre et l'étendard à Constantin, de l'autre Charlemagne agenouillé devant l'apôtre en même temps que Léon III, l'un recevant les insignes du pouvoir impérial, l'autre ceux de l'autorité spirituelle. Ce tableau semble être la traduction, rendue sensible aux yeux, de la théorie qui faisait graviter dans un équilibre harmonieux la chrétienté tout entière autour de deux centres, le pape et l'empereur, délégués par Dieu même pour gouverner les choses du ciel et de la terre. Et en effet les textes les plus formels viennent nous attester que cet équilibre était l'idéal conçu par le moyen âge. L'empereur Frédéric II écrivait au pape Grégoire IX en 1232 : « Bien que les deux puissances, le sacerdoce et le saint-empire, paraissent distinctes dans les termes qui servent à les désigner, elles ont réellement la même signification en vertu de leur origine identique. Toutes deux sont dès le principe instituées par l'autorité divine, et elles doivent être soutenues par la faveur de la même grâce, comme elles pourraient être renversées par la destruction de notre foi commune. C'est donc à nous deux, qui ne faisons qu'un et qui croyons certainement de même, qu'il appartient d'assurer de concert le salut de la foi et de restaurer les droits de l'église aussi bien que ceux de l'empire [2].» En 1310, Clément V, sur le point de couronner Henri de Luxembourg, disait de son côté : « La sagesse de la divine Providence, répandant sur les fidèles les dons de sa grâce, a institué sur la terre les deux dignités prééminentes du sacerdoce et de l'empire en leur donnant plein pouvoir pour le bon gouvernement de ces mêmes fidèles. Elle a voulu que, pour l'accomplissement de leur auguste ministère, l'une et l'autre puissance, fortifiées de leur mutuel appui, agissant dans une parfaite unité de vues et dans une concorde profitable au genre humain, exerçassent plus librement leur œuvre de justice, et conduisissent plus aisément le peuple chrétien dans le port de la sécurité [3]. »

Voilà, il est vrai, la doctrine qui est invoquée dans les rares moments où le pape et l'empereur font leur paix particulière sans s'inquiéter de l'Italie; mais dans le cours ordinaire des choses, quels éclatants démentis sont donnés par les faits à ce prétendu système de pondération ! On comprend même à première vue que l'équilibre fût impossible entre deux pouvoirs représentant des principes différents et des intérêts opposés, tous deux également ambitieux, aspirant chacun à la monarchie universelle, et prétendant reconstituer l'empire de Rome sur le monde, celui-ci comme héritier des césars, celui-là comme successeur de saint Pierre. L'empereur, de qui émane toute autorité temporelle, ne veut pas reconnaître au pape une souveraineté indépendante; le pape, comme dispensateur du droit impérial, absorbe en lui-même les deux pouvoirs, et en se servant indifféremment des deux glaives, il ne s'aperçoit pas qu'il matérialise l'autorité spirituelle. Aussi le moyen âge est-il rempli par l'antagonisme du sacerdoce et de l'empire, qui ne songent plus qu'à se subordonner l'un à l'autre, et qui, dans l'ardeur de la lutte, exagèrent et confondent sans mesure et sans règle la nature et les limites de leur puissance.

On a beaucoup disserté afin d'établir théoriquement le double système de la théocratie pontificale et de la monarchie impériale. Il suffit cependant de quelques textes précis pour montrer en peu de mots sur quel terrain se posaient les deux adversaires. Le pape disait ou faisait dire par ses docteurs : « L'église s'est réservé le patrimoine de saint Pierre comme signe visible de la domination universelle qui lui appartient. L'empereur n'est que son avoué pour le reste, et par conséquent son inférieur. L'empire est bien la plus haute expression du pouvoir temporel, mais à la condition de dépendre du Saint-Siège. Si l'empire devient vacant, c'est au Saint-Siège, en qui résident essentiellement les deux pouvoirs, qu'appartient l'administration de l'empire. Le souverain pontife, supérieur au chef de l'empire, est le monarque des monarques. Infaillible dans les choses de la foi, irresponsable dans le gouvernement du monde, il a pour délégués les princes, dépositaires de l'autorité civile, laquelle, ayant sa source dans l'église, doit être exercée pour le bien de l'église. Le dépositaire infidèle peut être dépouillé de sa puissance séculière, comme l'homme retranché de l'église peut être privé de la possession de ses biens, car il n'y a pas de propriété réelle en dehors de l'église. On n'est apte à posséder que parce que l'on est chrétien. La régénération spirituelle confère à l'homme le droit d'avoir des biens; l'état de péché mortel les lui retire; l'absolution ecclésiastique les lui rend et l'en investit de nouveau. En somme, la plénitude du pouvoir de l'église est telle qu'il est impossible d'en peser, d'en calculer, d'en mesurer l'étendue. »

Ces principes sont extraits d'un traité de Gilles de Rome, traité qui n'est lui-même que l'exposition méthodique des idées d'Innocent III, de Grégoire IX, de Boniface VIII. Ils n'étonneront pas ceux qui savent comme nous que la théorie du gouvernement théocratique n'est point morte au milieu des orages qu'elle a jadis soulevés. En regard de ces doctrines, il importe d'exposer aussi ce que l'empereur répondait ou faisait répondre par ses légistes. Sans nier les donations attribuées à Constantin et à Charlemagne, il s'appuyait sur ce principe de droit que toute donation devient révocable par l'ingratitude du donataire, et que le Saint-Siège, tournant contre l'empire les bienfaits qu'il en avait reçus, pouvait être légitimement privé de son domaine temporel [4]. On ajoutait que, dans l'ordre des choses civiles, l'empereur d'Occident ne pouvait admettre ni contrôle, ni supériorité, qu'il était lui-même la loi vivante, et par conséquent qu'il était affranchi de toute loi : *lex animata in terris, lex legibus omnibus soluta*; que les peuples et les rois étaient les sujets du césar de Rome, chargé par Dieu de présider au gouvernement du monde, et qu'il lui était même licite de s'attribuer les maisons, les champs, les propriétés privées, sans avoir à en rendre aucun compte. « Son pouvoir est comme celui de Dieu, si haut qu'on n'y peut atteindre, si plein qu'on n'y peut rien ajouter. » Ainsi parle Ænéas Sylvius, qui ne fait ici qu'affirmer audacieusement les doctrines suggérées avant lui aux deux Frédéric et à Louis de Bavière par des jurisconsultes fanatiques, tels que Barthole et Marsile de Padoue. Les deux théories, on le voit, en arrivent, par une suite de déductions poussées à l'extrême, jusqu'à nier radicalement le principe des nationalités, jusqu'à immoler à un absolutisme extravagant les droits les plus sacrés de l'individu.

En présence de ces deux systèmes aussi hostiles à la liberté politique qu'ils étaient inconciliables avec la constitution d'un état italien, il semble que l'Italie aurait dû s'isoler et assister sans y prendre part à la lutte des deux adversaires; mais comme, par l'effet de sa situation géographique, elle leur servait fatalement de champ clos, elle ne se crut jamais désintéressée dans le débat, et finit par y prendre une part passionnée. On vit, chose étrange, des laïques soutenir l'omnipotence politique du pontife romain, tandis que des moines protestaient publiquement en faveur de l'antériorité et de la supériorité du droit impérial. Les gibelins continuèrent de s'attacher à cet idéal de la monarchie impériale, qui leur paraissait l'héritière des grandeurs de Rome païenne; les guelfes se déclarèrent pour la théocratie pontificale, qui leur promettait la suprématie du monde au nom de Rome chrétienne : — ceux-là séduits par ce vieux nom de *quirites* dont les empereurs se plaisaient à décorer leurs partisans, ceux-ci croyant que l'Italie allait être la tribu de Lévi, élue entre toutes les tribus pour recevoir le dépôt de la puissance sacerdotale. Les uns et les autres se firent ainsi les instruments d'une politique cosmopolite dont la faiblesse réelle se dissimulait sous les artifices du langage et sous l'appareil des prétentions les plus hautaines. Il faut pourtant reconnaître qu'en fait les nobles et les cités de la péninsule obéissaient à une double nécessité sociale : le besoin de l'autorité, qui protège contre le désordre et l'anarchie; l'amour de la liberté, qui procure les droits civils et en garantit la jouissance. Toutefois l'autorité que les gibelins demandaient aux empereurs allemands ne pouvait s'exercer en Italie ni avec régularité, ni avec suite; la liberté que les guelfes plaçaient sous le patronage des papes était une liberté locale, tumultueuse et éphémère, car nous ne voyons nulle part que les guelfes au moyen âge aient jamais songé à l'indépendance italienne dans le sens qu'on donne aujourd'hui à ce mot. Au temps de leur plus grande prospérité, les républiques lombardes ne combattirent que pour affermir ou étendre leurs privilèges municipaux, leur *mera jurisdictio*, ou, pour employer une expression toute moderne, leur autonomie; mais toujours elles reconnurent le droit supérieur et immédiat de l'empire, et toujours leur dépendance resta au fond des choses, aussi bien dans les transactions arrachées aux empereurs vaincus que dans les lois imposées par les empereurs victorieux. Cependant le parti gibelin, bien qu'héritier de la tradition antique sur l'omnipotence impériale, tendait à restreindre ce dogme dans l'idée grande et patriotique du *regnum Italiæ*, tandis que le parti guelfe, représentant l'individualisme ou le fractionnement par groupes, se divisait à l'infini et n'aboutissait qu'au morcellement entre les mains de nombreux tyrans, remplacés à leur tour par quelques familles princières.

Un publiciste italien vient d'écrire en français, sur les révolutions de son pays, un livre étrange, que nous n'avons pas à apprécier ici. Dans ce livre, il loue l'Italie de s'être placée au-dessus et en dehors des lois ordinaires de la politique, d'avoir mis sa liberté dans la révolution sociale, et non dans la forme vide d'une souveraineté indépendante, par cette raison que « l'indépendance nationale aurait anéanti la suprématie italienne. » Paroles regrettables, si elles pouvaient servir à perpétuer une illusion dangereuse, à faire croire aux esprits exaltés que l'Italie va tout à coup, à un jour donné, par l'effet d'un de ces cataclysmes qui font surgir des volcans du sol entr'ouvert, se retrouver toute-puissante au sommet des nations! Les vertus héroïques, les grands caractères que l'Italie a produits, qu'elle peut produire encore, lui donnent assurément des titres à l'admiration, mais ne lui constituent pas des droits à cette suprématie prétendue. Aujourd'hui d'ailleurs, ce qui est nécessaire à l'Italie, n'est-ce pas plutôt la pratique bourgeoise des vertus quotidiennes, une expérience assidue qui lui inspire un retour vrai sur son passé, sur sa situation récente, sur les chances désormais possibles d'un avenir meilleur? Il y a quelque chose de plus urgent que de rappeler sans cesse à l'Italie qu'elle a été la reine du monde, c'est de l'encourager à se gouverner d'abord elle-même, à être maîtresse de ses destinées en restant calme, patiente, unie, à développer enfin dans son sein des institutions qui soient en rapport avec la vie moderne des sociétés.

On connaît le mot superbe des sénateurs de Rome à Frédéric Barberousse : « Tu étais étranger, et nous t'avons fait citoyen. » Toute l'histoire de la monarchie impériale, ou, si l'on veut, de la monarchie romaine, est dans ce mot. De même que l'équilibre harmonieux du sacerdoce et de l'empire, inventé pour réaliser le plan de la divine Providence, était une vaine théorie sans cesse démentie par les faits, de même l'absorption par l'esprit romain d'un empire purement allemand était la plus chimérique des conceptions politiques. Il arriva que cette idée de la monarchie impériale appliquée à l'Italie se développa dans le sens d'une perpétuelle équivoque, l'Italie gibeline se rattachant à cette idée pour la confisquer à son profit, dans le vain espoir de redevenir le centre et le siège de l'empire restauré, l'Allemagne ne voyant dans le droit impérial, tel que l'entendaient ses légistes, qu'un moyen de conquérir et d'asservir l'Italie. L'Italie invoquait le souverain de l'Allemagne non comme Allemand, mais comme chef de l'empire romain, et le souverain de l'Allemagne considérait l'Italie non pas comme un état distinct où il exerçât l'hégémonie, mais simplement comme un fief soumis envers lui à tous les devoirs, à tous les services de la vassalité.

Par une de ces fictions que la simplicité populaire accepte volontiers, l'Italie du moyen âge dégagea longtemps la personnalité de l'empereur de la responsabilité de ses ministres, et fit abstraction de la nationalité du souverain pour voir en lui le représentant des sentiments et des intérêts italiens. En 1164, quand la Lombardie gémissait sous le joug des lieutenants allemands de Barberousse, les Lombards disaient avec résignation : « l'empereur n'est pas coupable des maux et des insultes que nous font ses envoyés. Nous sommes sûrs que lorsqu'il reviendra, il nous rendra bonne justice. Loin de nous la pensée de faire du mal à qui que ce soit avant l'arrivée de l'empereur! Souffrons tout par amour pour lui jusqu'à ce qu'il vienne nous apporter la paix [5]. » Paroles touchantes qui rappellent le cri de nos paysans sous l'ancienne monarchie : « Si le roi le savait ! »

Des témoignages aussi nombreux que précis montrent que les Allemands ne se soucièrent jamais d'atténuer par la modération de leur conduite ce que l'occupation étrangère a de blessant pour un peuple encore plein des souvenirs de sa grandeur passée. « La fureur des Allemands, écrivait Falcando à la fin du XIIe siècle, ne peut être ni gouvernée par la raison, ni fléchie par la pitié, ni dominée par la religion. Leur violence innée les entraîne, leur rapacité les aiguillonne, leurs passions brutales les poussent en avant. » — « Quoique le pape, dit l'auteur anonyme des *Gestes d'Innocent III*, regardât la paix qu'on lui proposait comme utile, il ne put l'accepter, parce que beaucoup en étaient scandalisés, comme s'il eût voulu par là implanter dans l'Italie ces Allemands qui, par leur cruelle tyrannie, l'avaient réduite à la plus dure servitude, et il fallut que par ce refus il donnât un gage à l'esprit de liberté. » Frédéric II, pour faire ressortir la douceur des procédés dont il usait envers les Italiens, disait qu'il avait rompu avec les anciennes allures des armées impériales, qui avaient pour habitude d'annoncer leur entrée en Italie par la fumée des incendies et non par l'envoi d'ambassades pacifiques. Et cependant Hermann de Salz, grand-maître de l'ordre teutonique, écrivait aux cardinaux, en 1237, que les princes allemands s'irritaient de ces vains ménagements, et qu'ils voulaient soumettre les Lombards non par la voie des négociations, mais en faisant couler le sang, « comme l'exige la dignité de l'empire quand il recourt aux armes [6]. » Il ajoutait : « Sachez que si la paix n'est pas conclue avant l'arrivée de l'empereur, il déploiera ses forces et lâchera la bride à la violence de ses Allemands. »

La force était en réalité le dernier mot du débat, et il n'y a pas lieu de s'étonner que les empereurs ne soient parvenus ni à subjuguer matériellement l'Italie, ni à changer en souveraineté effective et régulière le droit abstrait que leur conférait le titre de successeurs de Charlemagne. L'Allemagne féodale ne pouvait s'assimiler l'Italie romaine. Si nous additionnons, avec l'histoire sous les yeux, les expéditions que les princes saxons, franconiens et souabes conduisirent eux-mêmes au-delà des Alpes, nous trouvons que, de 950 à 1250, ils y séjournèrent quatre-vingt-cinq ans personnellement, et en armes, sans compter les guerres continuelles que leurs lieutenants eurent à soutenir. On voit quelle somme énorme d'efforts fut dépensée en pure perte, quels sacrifices de tout genre l'Allemagne s'imposa pour une annexion sans résultat. La Lombardie à elle seule renferme dans son sein plus de cadavres allemands qu'il n'y a de pierres sur son sol.

Le principal mobile de la résistance à l'élément germanique et féodal se rencontra dans l'esprit municipal des anciennes cités latines, lequel s'était perpétué à travers les transformations successives de l'administration locale. Assez fort pour tenir en échec devant des murailles à peine reconstruites la puissance du souverain de l'Allemagne, cet esprit, en soi énergique et fier, mais indocile, ne pouvait se régir lui-même, encore bien moins constituer une nation. Pour mettre un terme aux discordes intestines qui les déchiraient, les communes italiennes allaient chercher au dehors un podestat, et ce dictateur étranger n'avait qu'une autorité étroitement limitée dans sa durée, comme si la chose dont on dût le plus se garder eût été la stabilité du gouvernement. L'Italie prise en masse appliqua à la notion du pouvoir le système de bascule que chaque ville pratiquait dans son propre sein. Les communes se firent tour à tour guelfes et gibelines, soutenant tantôt le pape et tantôt l'empereur, en vertu de cette maxime : qu'il est bon d'avoir deux maîtres, afin de n'obéir à aucun. Au fond, peu leur importait de savoir où résidait le droit souverain, pourvu qu'en fait leur indépendance locale n'eût à subir aucune atteinte.

Rodolphe de Habsbourg, sans renoncer aux prétentions de l'empire sur l'Italie, s'était prudemment abstenu d'entrer dans ce pays, qu'il comparait à la caverne du lion. Ses successeurs entreprirent de s'y montrer moins en conquérants qu'en pacificateurs, entourés d'un conseil de chevaliers légistes qui cherchaient à corroborer le vieux principe de la monarchie romaine par toutes les subtilités de la jurisprudence féodale. Dans les dissertations de ces légistes, on n'entrevoit aucun plan sérieux de gouvernement. Ils se bornent à réclamer l'obéissance pour un prince qui n'est pas en état de se faire obéir. Aussi, dès que les empereurs ne parurent plus redoutables, leur droit fut d'autant moins contesté que l'invasion étrangère était moins à craindre. Les guerres du XVIe siècle, et surtout le sac de Rome par Charles-Quint, ravivèrent les anciennes animosités et consommèrent le divorce entre le sentiment italien et l'autocratie impériale. Le *jugum importabile Teutonirorum* redevint la devise de l'Italie, qui subit avec moins de répugnance la domination espagnole. Cette domination en effet, bien qu'oppressive au début, comme toutes celles qui naissent de la conquête, ne tarda point à être tempérée par une certaine communauté de race, de langage et de mœurs, qui la rendait plus supportable aux Italiens que le joug de l'Autriche. Mme des Ursins pouvait dire avec vérité au commencement du XVIIIe siècle : « Les Italiens tolèrent les Espagnols, mais ils détestent les Allemands. »

Section II

Quand on songe aux interminables révolutions de la péninsule, on se demande s'il ne lui fut jamais possible de s'arrêter sur cette pente fatale et de s'attacher à quelque chose de stable et de permanent. On va voir que cette perspective fut ouverte pour l'Italie à un certain moment de sa vie historique, et qu'elle négligea les moyens de faire tourner au profit de son indépendance nationale ce droit impérial qui la dominait depuis Charlemagne et les Othons. Pendant les premiers siècles du moyen âge, les princes italiens avaient tout sacrifié au désir de se faire empereurs. Cette fois il s'agit d'un empereur qui subordonne l'empire à l'Italie, et qui entend constituer un royaume purement italien. En examinant les vues politiques de l'empereur Frédéric II, qui régna de 1220 à 1250, M. de Cherrier émet à ce sujet une opinion nouvelle, mais appuyée sur un ensemble de preuves irrécusables : c'est que ce prince, qui en toutes choses marcha en avant de son siècle, voulait faire de tous les Italiens une seule nation. « Ils ne comprirent pas, ajoute-t-il, combien cette pensée était féconde, et quel avenir sa réalisation devait préparer à leur pays. Loin donc de consentir à une centralisation qui eût peut-être été despotique pendant un temps, mais qui du moins eût constitué un grand peuple, ils se divisèrent de plus en plus et manquèrent l'occasion d'assurer leur indépendance et de prendre en Europe le rang que la nature leur a assigné. Des siècles de malheur et d'asservissement ont été l'expiation de cette faute [7]. »

Allemand par son père, mais Italien par sa mère Constance, qui était fille des rois normands de la Sicile, Italien surtout par son éducation, Frédéric II est le type du génie italien au moyen âge; il en a toutes les qualités et tous les défauts. A la fois empereur et roi de Naples, il veut moins rattacher l'Italie à l'empire que la rapprocher de la Sicile en donnant au nord de la péninsule la concentration politique et l'administration régulière qu'il a établies dans le midi. Presque tous les agents de son gouvernement dans l'Italie supérieure sont des indigènes ou des Siciliens. Il semble jaloux de conserver ou plutôt de préparer aux Italiens une vie distincte en groupant leurs forces autour d'un pouvoir unique capable de les contenir et de les diriger. Grâce à lui, l'unité est sur le point de s'opérer par une impulsion qui se propage en suivant un courant inverse de celui d'aujourd'hui, car au XIIIe siècle le royaume de Sicile représente à l'égard du reste de l'Italie le rôle que joue actuellement le royaume de Sardaigne. Seul il a une organisation appropriée aux besoins du temps, seul il offre l'exemple d'un gouvernement vigoureux, et alors comme de nos jours les idées passent les frontières, se propagent et gagnent du terrain. Ajoutons que lorsque Frédéric II travaillait à annuler le pouvoir temporel du Saint-Siège, il tendait à supprimer dans les provinces centrales un élément hétérogène et séparatiste qui sera toujours, quoi qu'on fasse, l'obstacle le plus sérieux à la constitution de l'unité italienne.

Frédéric était tellement pénétré de cette pensée, qu'il ne craignit pas d'annoncer sa ferme résolution de replacer sous sa main non-seulement la Marche d'Ancône et le duché de Spolète, mais encore toutes les terres qui à diverses époques avaient été détachées de l'empire pour former le patrimoine de l'église. En 1240, excommunié par le pape et n'ayant plus rien à ménager, il voulut frapper ce grand coup. Viterbe, Sutri, Civita-Castellana, Montefiascone, Corneto, se soumirent avec empressement. Si Rome ouvrait ses portes, tout était fini. « La nombreuse population de Rome, toujours avide de nouveautés, ne montrait aucune intention de défendre la ville, que Frédéric se flattait de posséder bientôt. Après tant de luttes et d'événements divers, ce prince crut qu'il avait fixé l'inconstante fortune, et il redoubla d'efforts pour entrer dans Rome. Grégoire IX ne perdit pas courage. Il ordonna des prières publiques dans toutes les églises de la ville et conduisit lui-même une procession générale du clergé et du peuple. On exposa les reliques des saints; les deux chefs des bienheureux apôtres Pierre et Paul furent découverts et promenés dans Rome ainsi qu'un morceau de la vraie croix. En voyant le pontife presque centenaire verser d'abondantes larmes et d'une main défaillante bénir la multitude agenouillée sur son passage, chacun se sentit ému; puis, quand la bouche du vieillard appelant les fidèles à une nouvelle croisade contre Frédéric leur promit les indulgences accordées pour la guerre en Terre-Sainte, beaucoup de voix prononcèrent le vœu de défendre l'église, et le peuple promit de repousser les impériaux, s'ils osaient attaquer Rome [8]. » Ce jour-là, le peuple romain, en s'unissant à Grégoire contre Frédéric, sauva le pouvoir temporel des papes. Il ne songea pas à l'importance immense qu'aurait eue alors pour l'œuvre commune son alliance avec un empereur au cœur italien. Frédéric II introduit au Capitole, c'était l'unité de l'Italie acclamée par le parti gibelin. L'émotion du moment et l'exaltation religieuse l'emportèrent sur le soin de l'avenir et sur les sollicitations de la politique.

Toutefois le but de Frédéric II était si nettement défini qu'après sa chute son fils Manfred reprit sans hésiter l'œuvre interrompue. Celui-ci n'avait aucun engagement envers l'empire, il avait même rompu avec l'Allemagne en s'attribuant la couronne de Sicile au détriment des droits de son neveu Conradin. Il offrait donc aux guelfes une occasion naturelle de se grouper sous le drapeau d'un prince exclusivement italien qui aurait apporté à leur ligue des éléments certains de cohésion et de durée. Toutes les démarches de Manfred furent dirigées dans ce sens, et il obtint même l'assentiment de plusieurs républiques italiennes. Cependant, quoique la séparation de l'Allemagne et de la Sicile fût un fait accompli, quoique leur réunion dans les mêmes mains ne mît plus, comme sous Frédéric II, l'indépendance de la papauté en péril, les pontifes de Rome défendirent au parti guelfe de pactiser avec Manfred, dont ils poursuivirent et consommèrent la ruine. La péninsule, cette fois encore, perdit la chance d'avoir à sa tête ce *rex Italiæ* qui pouvait seul la protéger contre ses propres discordes et contre l'invasion.

Il est vrai qu'un fait jusqu'ici peu connu explique autrement que par la seule divergence des intérêts temporels l'animosité des papes contre la maison de Souabe. C'est la tentative hardie de Frédéric II pour établir une église particulière dont il eût été le chef, avec le dessein avoué non-seulement d'enlever au pape le gouvernement spirituel du royaume de Sicile, mais aussi de faire triompher chez les états voisins la suprématie religieuse du pouvoir laïque. Poussé au suprême excès de l'orgueil par la violence même de la lutte qu'il soutenait, cet empereur en était venu à se regarder presque comme une incarnation du Dieu vivant. Pierre de La Vigne, son principal ministre, était devenu aussi son premier apôtre, ou, comme le fait clairement entendre un contemporain, *le nouveau Pierre, la pierre angulaire de la nouvelle église.* Ce jeu de mots peut sembler une parodie, mais c'est une parodie sérieuse, si l'on songe que Frédéric battait monnaie avec les vases sacrés, s'appropriait les biens des évêchés et des monastères, déposait ou instituait lui-même les prélats, punissait comme des blasphémateurs ou des ennemis publics ceux qui refusaient d'invoquer son saint nom, enfin ne craignait pas de se faire baiser les pieds dans les églises, exigeant ainsi une marque d'humble soumission due seulement au vicaire de Jésus-Christ. Doit-on s'étonner que les papes eussent juré la ruine d'un adversaire qui prétendait élever autel contre autel, et à qui peut-être il ne manqua pour réussir que d'être venu à une autre époque et d'avoir eu pour lui le temps et l'opinion? Plus tard, Henri VIII devait s'approprier le projet de Frédéric II. Secondé par la disposition générale des esprits, il parvint à surmonter et à briser toutes les résistances. Pour l'établissement de l'église anglicane, le second des Tudors trouva dans Thomas Cromwell l'instrument que le petit-fils de Barberousse avait rencontré en la personne de Pierre de La Vigne. Les deux ministres mirent leur docilité et leurs talents au service de la même cause; tous deux furent les vicaires-généraux d'un pape laïque, tous deux aussi, par un singulier rapport de fortune, parvenus au faîte de la puissance, en furent précipités à l'improviste par l'ingratitude d'un maître capricieux.

En renversant la maison de Souabe, la papauté avait proclamé dans ses manifestes qu'elle travaillait à l'affranchissement de l'Italie. Était-ce qu'elle voulait la constituer libre de toute pression extérieure? Les moyens dont elle comptait se servir pour atteindre ce but échappent à l'analyse historique, et les paroles sont ici contredites par les faits. Les grands papes du moyen âge, Grégoire VII, Innocent III, Grégoire IX, ceux qui ont organisé le plus fortement la résistance du parti guelfe à la monarchie impériale, ne se sont pas sérieusement préoccupés de donner une direction politique à l'Italie; leurs successeurs ont même favorisé plutôt le morcellement du territoire et de l'autorité, afin que nul état voisin et puissant ne pût menacer leur domaine temporel, toujours contesté, même dans l'enceinte de Rome. Ils se réservèrent bien, il est vrai, une sorte de suzeraineté sur les états nouveaux qui se créaient en Italie, et se firent payer cher l'investiture qu'on leur demandait; mais c'était là un droit purement nominal, dépourvu de toute action directe, et qui ne faisait point de la papauté ce pouvoir central, modérateur et fort qu'avaient imaginé les gibelins. Les souverains pontifes, lorsqu'ils appelèrent les Angevins à Naples, introduisirent dans la péninsule un nouvel élément étranger, et leur politique consista seulement à prévenir par des précautions diplomatiques l'agrégation de plusieurs états italiens sous une même main. Dans toutes les stipulations qui suivirent la chute de la maison de Hohenstauffen, les papes ne se bornèrent plus à interdire, comme par le passé, la réunion du royaume de Naples à l'empire : ils défendirent d'une manière absolue que le souverain de la Sicile pût posséder en même temps la Lombardie ou la Toscane, ou la majeure partie de ces provinces. Ce fut là pour le Saint-Siège, pendant près de trois cents ans, une ligne de conduite invariable jusqu'au jour où il dispensa le tout-puissant Charles-Quint de la clause qui l'empêchait d'occuper à la fois le midi et le nord de la péninsule. Non-seulement Clément VII, couronna Charles à Bologne roi de Lombardie et empereur, mais il l'excita même à conquérir la Toscane pour la donner comme fief impérial à l'odieux Alexandre de Médicis. Cette investiture accordée par Charles-Quint fut la base qu'invoqua, deux siècles plus tard, la maison d'Autriche pour faire attribuer la Toscane à François de Lorraine. Ainsi la papauté, débarrassée des empereurs souabes, contraria le mouvement qui pouvait amener la constitution d'un état unitaire sous le sceptre d'un prince italien; puis, au XVIe siècle, elle en revint à la restauration pure et simple du vieux droit impérial en la personne de l'homme qui avait fait saccager par une bande d'aventuriers luthériens la capitale de la catholicité.

Un résultat si funeste à l'Italie est-il suffisamment justifié parle besoin de sauvegarder le domaine temporel du Saint-Siège, que l'on envisage encore aujourd'hui comme une condition nécessaire de l'exercice indépendant de l'autorité spirituelle? Sans vouloir entrer ici dans des débats irritants, il est bien permis de rappeler que les papes eux-mêmes ne se sont pas toujours fait un devoir étroit de maintenir inviolable l'intégrité de leur territoire. Pendant leur séjour à Avignon, ils en vinrent même à ne plus se considérer comme puissance italienne, et nous savons par les actes du premier Clément VII qu'il avait à peu près perdu le désir ou l'espoir de rétablir le siège apostolique en Italie. « On voit en effet que le 17 avril 1382 il avait érigé en royaume en faveur du duc d'Anjou, l'aîné des frères du roi de France, les meilleures provinces de l'état ecclésiastique, Ferrare, Bologne, la Romagne, la Marche, l'Ombrie, Spolète et Pérouse, ne se réservant que Rome, le patrimoine et la Sabine. Le roi devait, dans le délai de deux ans, se mettre en état de conquérir le pays à lui cédé, en faire hommage au Saint-Siège, et payer un cens annuel de 40,000 florins. De plus, il était stipulé que ses successeurs ne pourraient dans aucun cas unir au nouveau royaume l'état napolitain, l'Allemagne ou la Lombardie. Le but avoué de cette concession était de délivrer l'Italie centrale des petits tyrans qui l'opprimaient; le motif véritable, de se venger des Romains et de les tenir en respect en leur opposant un ennemi redoutable. Les événements ne répondirent pas à l'attente du pontife. Si cet acte eût reçu son exécution, c'en était fait de la puissance temporelle que les papes avaient acquise dans la péninsule par tant de luttes et de sacrifices [9]. »

On voit suffisamment quelle fut la préoccupation habituelle du Saint-Siège: subordonner l'intérêt général de l'Italie à l'intérêt particulier du gouvernement romain. De son côté, Frédéric II avait prétendu subordonner les intérêts généraux de la papauté à l'intérêt particulier de l'empire italien; mais en compliquant la question politique d'une question de dogme qui ne pouvait aboutir qu'à un schisme éclatant, il avait évidemment dépassé le but, et son attitude violente à l'égard du chef spirituel des chrétiens fut sans doute une des causes qui empêchèrent l'Italie de le suivre dans son plan de concentration unitaire. Son nom toutefois resta comme un signe de ralliement, adopté aussi bien par les novateurs politiques que par les partisans de la réforme religieuse. Au XIVe siècle, il est sans cesse invoqué par les ennemis de la domination temporelle du Saint-Siège quand ils expriment dans des pamphlets vigoureux le désir qu'un seul maître parvienne à régner sur toute la péninsule et à régénérer l'église, tombée dans une complète corruption.

Si Frédéric ne put réussir à être le fondateur de l'unité italienne, l'énergie de son gouvernement, la hardiesse extraordinaire de ses vues eurent du moins pour résultat de relever la grandeur idéale de l'empire. Et pourtant ce résultat fut encore un malheur, parce que les Italiens, voyant combien la victoire de la papauté était stérile pour eux, se remirent avec une nouvelle ardeur à la poursuite de leur chimère, et ne profitèrent pour s'affranchir ni du grand interrègne [10], ni de l'indifférence calculée que leur témoignait Rodolphe de Habsbourg, Nous trouvons une preuve bien significative de la persistance de cette illusion dans ce passage d'un chroniqueur gibelin qui écrivait vers la fin du XIIIe siècle : « De même que les œufs de poissons qui ont séjourné cent ans dans le lit desséché d'un fleuve, quand ce fleuve retourne dans son lit, redeviennent féconds et produisent à leur tour des poissons, de même les cités, les terres, les seigneurs qui furent anciennement dans les bonnes grâces de la majesté impériale, quand reparaîtra la puissance de l'empereur, se soumettront avec empressement à cette autorité tutélaire. » Cet appel à l'empire, qui se traduisait ici par une comparaison populaire, allait servir de texte aux érudits, et devenir l'objet de traités savants et méthodiques. Chacun sait que l'idée de la monarchie impériale s'élève dans les écrits de Dante à la hauteur d'une théorie philosophique, plus encore d'un dogme religieux. On le nierait en vain : l'empereur continua d'être considéré par les Italiens, et par les plus éclairés, comme leur souverain naturel, comme le chef prédestiné à rendre à l'Italie, centre de l'empire, sa grandeur disparue. Ce droit, dont l'origine se perdait dans la nuit des temps, que la fausse politique des papes avait rétabli, et que leur intérêt les portait à contester jusqu'au jour où ils le rétabliraient encore, l'Italie s'y rattachait comme à son seul appui et à son seul recours. Hélas! cet empereur allemand, objet de tant d'espérances, ne voulait ou ne pouvait rien faire pour l'Italie, qui s'obstinait à se donner à lui! C'est même un fait singulier que la doctrine du droit impérial se trouve d'autant plus nettement formulée que l'empire se montre plus incapable de l'exercer. Les expéditions de Henri de Luxembourg, de Charles IV, de Frédéric III, coïncident avec les appels éloquents de Dante, de Pétrarque, d'Ænéas Sylvius. A chaque fois le dogme de la monarchie impériale est affirmé avec plus de hauteur; à chaque fois aussi le monarque descend un degré de plus dans la voie de la faiblesse, de la cupidité et de l'égoïsme. Quand la toute-puissance lui est offerte, il se contente d'un peu d'or. Le successeur des césars n'est plus qu'un marchand qui vend à beaux deniers comptants les privilèges inaliénables de l'empire. Nous ne saurions trop le répéter : l'Italie a pris au rebours le mouvement politique qui entraînait et constituait les états modernes. Durant le moyen âge, elle n'est considérée que comme le fragment d'un tout qui est en dehors d'elle, et ce tout lui-même est une pure chimère. Elle reste l'annexe d'un fantôme d'empire romain, elle peut dire comme la Gaule au temps de Sidoine Apollinaire :

...... Portavimus umbram
Imperii ....

Et quand cet empire, après Charles-Quint, se scinde en deux parts avec les deux branches de la maison d'Autriche, c'est encore en vertu de la transmission du droit impérial que la domination espagnole va s'établir dans la péninsule.

Section III

Nous avons montré comment l'intérêt temporel de la papauté, se joignant à un sentiment exagéré de la grandeur italienne, mit obstacle dès le principe à l'organisation séparée de l'Italie, puis à son unité nationale, comment aussi l'Italie, trouvant l'occasion de s'émanciper sous des princes italiens, continua de demander son salut à un protectorat étranger. Nous voici parvenus à la seconde moitié du XVe siècle. Frédéric III est le dernier empereur qui se fasse couronner à Rome ; ses successeurs renoncent à cette vaine cérémonie. L'impuissance de l'empire est alors bien avérée; si l'on invoque encore au-delà des Alpes le vieux droit des césars, c'est uniquement dans l'intérêt personnel de la maison d'Autriche, pour qui l'Italie est un domaine, un fief, et non une nation distincte. Ce moment est décisif pour la péninsule. Autour d'elle, tous les peuples, obéissant à une même impulsion, se consolident fortement; seule, oscillant entre l'anarchie et la servitude, elle néglige de se concentrer, même sous la forme fédérative, et finit par tomber assujettie à la domination de ses voisins.

A dater de la décadence de la maison d'Anjou, qui, par sa puissance bien assise, par son action sur le parti guelfe, par ses alliances au dehors, avait longtemps exercé une influence prépondérante, l'Italie était laissée à elle-même, et la situation générale de l'Europe la mettait à l'abri de toute intervention extérieure. « Libre de la pression de l'étranger, elle allait, dit l'historien de la *lutte des papes et des empereurs*, avoir à régler seule sa propre organisation : depuis la chute de l'empire romain, pareille conjoncture ne s'était point présentée; c'était une ère nouvelle qui commençait. Si un grand parti national eût existé, le pays eût pu se constituer et prendre rang en Europe. Malheureusement il n'y avait que des ambitions égoïstes et pas un grand citoyen. Chacun travaillait à asservir sa patrie; personne ne songeait à l'affranchir. » Il serait cependant injuste de nier qu'au milieu même de la diffusion des forces et de la divergence des vues, l'idée d'une sorte de solidarité entre tous les Italiens n'eût point pénétré au fond de quelques esprits. Dès le XIIe siècle, un prêtre de Milan nommé Oberto, affligé des dissensions de la Lombardie, adressait à ses auditeurs rassemblés dans la cathédrale cette admirable apostrophe : « Et toi. Milan, tu cherches à supplanter Crémone, à bouleverser Pavie, à détruire Novare! Tes mains se lèvent contre tous, et les mains de tous contre toi... Oh! quand arrivera-t-il ce jour où l'habitant de Pavie dira au Milanais : « Ton peuple est mon peuple, » et le citoyen de Crema au Crémonais : «Ta cité est ma cité [11]. » Ce n'est pas la charité chrétienne qui seule inspirait ces paroles, on sent là comme un souffle patriotique qui veut se répandre au-delà des limites étroites de la cité. Pourquoi cet élan généreux ne réussit-il pas à concilier les cœurs, dominés par leur fatal entraînement vers la théocratie ou vers la monarchie impériale? Ceux même d'entre les Italiens du moyen âge qui voulurent affranchir l'Italie et faire la révolution laïque à Rome, au XIIe siècle Arnaud de Brescia, au XIIIe Brancaleone, au XIVe Rienzi, songèrent moins au présent qu'au passé; ils ne se rattachaient pas à l'empire, mais ils remontaient jusqu'à la république romaine sans s'apercevoir qu'ils ne faisaient que changer d'utopie, ou du moins qu'en reculer le point de départ. On entrevoit bien çà et là, surtout dans les lettres de Pétrarque, à ses heures de déception, un sentiment assez vif du droit national et une aversion très marquée pour l'imitation étrangère, qui dénature et corrompt les mœurs, la langue et le vieil esprit militaire de l'Italie; on y trouve même un plan d'union et de protection réciproque entre les différents états de la péninsule. Malheureusement ces ébauches d'organisation par l'association des intérêts, dont l'honneur revient surtout aux gibelins et dont la tradition ne se perdit jamais en Italie, ne s'appuyaient pas suffisamment sur le sentiment d'une patrie commune, indépendante de toute domination extérieure, forte surtout par cette unité morale qui vit dans la conscience de ces âmes multiples dont l'être social se compose. L'idée abstraite d'une nation, d'une personnalité italienne est relativement toute récente.

Quelle est donc la raison de cette situation anormale? L'Italie possédait en ce moment tous les éléments qui peuvent faire la grandeur d'un peuple : des frontières naturelles parfaitement tracées, une religion dont le siège était chez elle, une langue la première et la plus achevée de toutes, la richesse commerciale et maritime avec les plus beaux ports, le développement des sciences, des lettres, des arts, représenté par des génies originaux, tels que saint Thomas d'Aquin, Nicolas de Pise, Dante et Pétrarque. Elle avait même une histoire reliée malgré sa confusion apparente par un même sentiment, le sentiment toujours noble de l'indépendance individuelle et de la liberté civile; seulement il lui manquait ce par quoi les nations s'asseyent, s'affermissent, arrivent à l'ordre et à la liberté politique : une constitution qui fût praticable et sérieusement pratiquée. Ce n'est pas que l'Italie n'ait point senti le besoin de se constituer; mais au moyen âge, en s'attachant à l'idée cosmopolite de la monarchie impériale ou de la théocratie sacerdotale, elle voulut trop embrasser et ne sut rien étreindre. Vers la fin du XVe siècle au contraire, les essais de constitutions deviennent étroits, mesquins, égoïstes. Ils n'atteignent plus même les limites de la péninsule, ils ne répondent pas aux véritables tendances du pays. Sans doute cette association fédérative qu'avait ébauchée la ligue lombarde, et dont la pensée inspirait à Pétrarque de patriotiques paroles pour arracher à Venise et à Gènes leurs armes fratricides, cette union défensive que Laurent de Médicis établit pour quelques années entre Florence, Milan et Naples apparaissait de temps en temps comme une idée nécessaire; mais personne ne s'appliquait à la laisser mûrir et porter ses fruits. On l'accueillait un jour pour la rejeter le lendemain. Rien ne se fondait, parce que rien n'avait un but général, bien déterminé, bien précis. La mobilité seule durait dans la discorde.

Que trouvons-nous en effet au fond de ces tentatives? Une association pour la guerre, jamais une association pour la paix. Le pacte fédéral de la ligue lombarde se dissout chaque fois que le danger s'éloigne, et chacune des cités qui l'a scellé bravement de son sang reprend aussitôt son indépendance absolue avec le droit funeste de se consumer dans des révolutions intestines. Les différents états italiens qui, en 1454, 1471 et 1484, tentèrent de mettre un terme à leurs querelles séculaires pour résister à l'étranger, convinrent d'une ligue dont l'intention principale consistait à lever une armée à frais communs et à choisir d'un commun accord un *condottiere* pour la commander. C'était là une bonne pensée qui aurait pu garantir au moins l'indépendance de l'Italie en opposant une barrière suffisante aux invasions françaises et espagnoles; mais dans cette ligue militaire rien de fixe ne fut stipulé pour opérer le rapprochement des lois, des institutions et des mœurs sous la main d'un pouvoir central. Encore même cette armée fédérale ne put-elle parvenir à s'organiser ni à fonctionner régulièrement.

C'est cependant à ce moment même de son impuissance sociale que l'Italie brille du plus vif éclat par la renaissance des lettres et des arts, et qu'après avoir aspiré à dominer politiquement l'Europe, elle réussit à régner un moment par la culture intellectuelle. Des fleurs de cette culture va-t-elle retirer pour elle-même quelque suc vivifiant? Va-t-elle retremper ses forces appauvries dans la mâle sobriété de Thucydide ou dans la sombre énergie de Tacite? Nullement. Au moyen âge du moins, l'Italie, en cherchant par le droit, par la littérature et par l'art, à faire prévaloir la tradition latine sur l'esprit germanique et féodal, avait été conséquente avec ses tendances politiques. À l'époque de la renaissance, la littérature italienne n'a plus rien de spontané ni de national. On commente

Platon, mais on ne crée pas une philosophie nouvelle; celle d'Épicure est si séduisante et si commode! Tite-Live est fort goûté, moins comme historien que comme rhéteur, et ce qu'on aime dans Horace, c'est le chantre du plaisir plutôt que le lyrique inspiré. En face de cette antiquité grecque et romaine, qui se dévoile tout à coup à ses yeux, l'Italie du XVe siècle semble comme éblouie et fascinée. Elle admire sans réserve et sans choix; elle ne s'approprie que ce qui convient le mieux à son caractère inconstant, à son tempérament tour à tour indolent et impétueux. Ses tyrans sont des Périclès, ses conspirateurs des Brutus. Le scepticisme se glisse jusque dans la chaire de saint Pierre. La conscience publique se déprave en subissant la doctrine païenne de la raison d'état. Point de civisme dans la poésie, point d'originalité qui s'inspire aux sources du beau, mais une imitation servile de l'antiquité par ses côtés les moins purs. Un seul homme d'un génie vraiment italien se montre alors, et ce génie ne s'attache qu'à bafouer la foi et l'héroïsme des âges précédents. L'Arioste jette à pleines mains le ridicule sur ces épopées chevaleresques dont ses contemporains et lui-même ne comprenaient plus la véritable et naïve grandeur.

Ainsi la renaissance des lettres, au lieu de placer l'Italie dans de meilleures conditions sociales, n'a fait, suivant nous, que hâter sa déchéance politique, en contribuant à énerver les caractères et à fausser les esprits sous l'influence de gouvernements corrupteurs. Ce n'est que sous les bons gouvernements que la littérature apporte au patriotisme des aliments vigoureux et sains. Aussi le mal va-t-il devenir irrémédiable. La péninsule, depuis le temps des Othons, s'était habituée à vivre d'une vie politique empruntée; les cités, les princes, les papes eux-mêmes, avaient reconnu et invoqué presque toujours l'arbitrage impérial, et la lutte n'avait porté que sur la mesure dans laquelle il était opportun d'accepter cette primatie étrangère. De même, depuis les Médicis et Léon X, l'Italie, dans les choses littéraires, ne jette qu'un éclat artificiel. Elle contrefait le passé sans rien semer pour l'avenir; elle augmente ses jouissances intellectuelles sans recouvrer ses vertus publiques. Elle a encore, il est vrai, quelques grands hommes qui veulent sauver leur pays en remontant le courant troublé pour s'abreuver à la source vive. Jérôme Savonarole est un moine patriote, un tribun réformateur, qui donne à Florence, un moment convertie, le Christ pour souverain et la règle d'un couvent pour loi; mais la politique païenne, incarnée dans Alexandre VI, arrête la propagande de l'audacieux dominicain, dont la voix est étouffée dans les flammes. Machiavel, à son tour, s'indigne que l'on ne prenne aux anciens que leur mollesse et leur corruption, sans imiter leur énergie et leur sévérité. Il demande pour sa patrie une dictature, et quand le dictateur lui fait défaut, il écrit pour l'Italie entière ce livre du *Prince*, dédié au libérateur inconnu qui doit arracher la péninsule aux barbares. Ce livre devient une arme dont l'auteur n'avait point prévu la portée : la politique froide, astucieuse, impitoyable, qu'il réduit en théorie, est pratiquée par les princes italiens bien moins contre les étrangers que contre leurs propres compatriotes. Deux papes éminents apparaissent ensuite, qui entreprennent de gouverner dans un sens contraire à cette mauvaise renaissance dont le dernier terme doit être l'enfantement de la servitude. L'un, pontife guerrier, Jules II, prétend restaurer en Italie le régime des vertus antiques et en chasser les barbares; mais en poussant les souverains de l'Europe à s'entre-choquer, il s'aperçoit trop tard qu'il leur a livré l'Italie comme un champ de bataille. L'autre, moine austère, Pie V, proscrit les érudits et les lettrés comme des corrupteurs publics; mais, en exagérant le principe de l'autorité religieuse, il ne travaille que pour Philippe II, sans parvenir à relever l'esprit italien. C'en est fait, l'étranger l'emporte : la monarchie espagnole étreint la péninsule dans ses bras glacés, et semble sceller pour toujours au fond d'un tombeau cette belle Juliette, endormie d'un léthargique sommeil.

Depuis le jour où la domination de l'Espagne eut pris pied en Italie et y fut devenue prépondérante jusqu'à l'époque de la révolution française, l'idée d'une confédération italienne fut souvent mise en avant, et chaque fois par la France. L'affranchissement de l'Italie au moyen d'une ligue entre les princes italiens fut une des pensées de Henri IV, et cette pensée se laisse voir dans les instructions qu'il avait léguées à Marie de Médicis, et dont Richelieu se fit l'exécuteur testamentaire. Les guerres de la Valteline sous Louis XIII, quoique renfermées dans un étroit théâtre, avaient une importance incontestable, car la Valteline, en joignant le Tyrol au Milanais, pouvait servir de trait d'union entre les états des deux branches de la maison d'Autriche. Lorsque le roi eut forcé le pas de Suze et assuré au duc de Nevers la succession de Mantoue, Richelieu conçut le projet de former, sous les auspices de la France, une confédération italienne destinée à balancer la puissance de l'Espagne et à établir, comme il le dit lui-même, un *parfait repos* dans la péninsule. Venise, Mantoue et le duc de Savoie signèrent cette ligue; mais le pape Urbain VIII, quoiqu'il eût le cœur français, n'osa point, en s'y associant, se compromettre ouvertement avec l'Espagne, et malgré l'adhésion secrète du grand-duc de Toscane, des républiques de Venise et de Gènes, des souverains de Modène et de Parme, ce projet fut abandonné, et ne put être repris sous Louis XIV.

La guerre de la succession ayant eu pour résultat de substituer en Italie l'influence de l'Autriche à celle de l'Espagne, la politique française va changer d'adversaires, mais elle ne peut varier dans son but. La maison de Bourbon a recueilli l'héritage des successeurs espagnols de Charles-Quint. Don Carlos règne à Naples. Son frère, don Philippe, veut se mettre en possession du duché de Parme, dont les impériaux se sont emparés comme d'un fief vacant. La France intervient par les armes pour arracher le Milanais à l'Autriche : elle veut, en agrandissant les états du roi de Sardaigne aux dépens de l'empire, intéresser ce prince à ses vues. Cette fois encore, l'idée d'une confédération reparaît. « Il y aura, écrit en 1746 le ministre d'Argenson, un traité particulier contenant les conditions de l'union et association qui sera formée entre les princes d'Italie pour maintenir conjointement et de concert la tranquillité dans cette partie de l'Europe, et pour empêcher qu'aucune armée étrangère puisse jamais y entrer, sous quelque prétexte que ce puisse être, une des principales conditions de ce traité devant être un commun accord de ne jamais permettre qu'aucun état d'Italie puisse être possédé en aucun temps à l'avenir par les princes possédant la couronne impériale ou celle de France ou d'Espagne, ou quelque autre état situé hors de l'Italie... En conséquence, les états de Naples, ceux de l'infant don Philippe, et de même le duché de Toscane, qui ne pourront jamais être réunis entre eux, ne pourront non plus être réunis à la couronne de France ou à celle d'Espagne, ni à la couronne impériale [12]. » Les instructions de Louis XV au comte de Maillebois, son ambassadeur à Turin, rédigées aussi par d'Argenson, sont encore plus explicites. « La considération et les états du roi de Sardaigne augmentés en Italie, le degré de représentation auquel il parviendra en Europe, et que ses prédécesseurs n'ont jamais eu, l'intérêt que les autres puissances auront à ménager son alliance et à rechercher son amitié, l'Italie délivrée du joug allemand et du despotisme autrichien, et son repos et sa sûreté solidement établis sur un partage convenable et sur un système de politique simple, uniforme et constant, la fidélité du roi aux engagements qu'il est disposé à contracter pour maintenir ce système, sont autant de motifs dont le comte de Maillebois pourra faire usage, afin d'exciter l'empressement et le zèle du roi de Sardaigne [13]. » Ainsi ces négociations de 1746 avaient un double objet : détruire la prépondérance que les traités d'Utrecht et de Bade avaient rendue à la maison d'Autriche en Italie, établir l'équilibre italien, ce qui revient à dire l'indépendance italienne, car c'est au fond la même chose. La paix d'Aix-la-Chapelle ne réalisa pas, il est vrai, toutes les intentions de la France. Le Milanais resta à l'empire, la Toscane fut attribuée à la maison d'Autriche; la ligue entre princes exclusivement italiens n'eut pas lieu. Il en résulta néanmoins un certain équilibre de forces: entre la Toscane et le Milanais autrichien, il y avait à Parme les Bourbons d'Espagne; entre le Milanais et les états héréditaires de l'Autriche, il y avait Venise et ses provinces. On voit de quelle importance étaient déjà pour le gouvernement de Louis XV la suppression de l'influence autrichienne dans les affaires de la péninsule et l'établissement d'une confédération italienne. Les vieux principes du droit impérial appliqués par l'Autriche en Italie seront toujours contraires à l'intérêt français. La neutralité de l'Italie importe beaucoup à la France, et cette neutralité, l'indépendance seule peut la garantir.

A la fin du siècle dernier, l'Italie fut tirée de sa longue léthargie par un violent soubresaut, contre-coup de la révolution française; mais cette résurrection, due à une autre prépondérance étrangère, ne constituait pas un état normal. Satellite entraîné dans l'orbite que parcourait une éclatante fortune, l'Italie devait retomber dans l'immobilité dès que Napoléon aurait disparu. Roi de l'Italie supérieure, maître de la Toscane et de Naples, n'ayant plus à compter avec l'autorité temporelle du pape, qu'il avait brisée, Napoléon avait pu se croire en mesure de faire de l'Italie une nation. La puissance de ses armes, son génie organisateur, son origine italienne et ses sympathies pour les Italiens, tout le destinait à ce rôle, et l'on voit par son propre témoignage qu'une telle pensée avait traversé son esprit; mais dans le nouveau droit public qu'il avait créé avec son épée, c'était moins de confédération que d'unité qu'il s'agissait. « Les malheureux Italiens, disait-il à Sainte-Hélène, sont distribués par groupes, divisés, séparés par une cohue de princes qui ne servent qu'à exciter des haines, à briser les liens qui les unissent, et les empêchent de s'entendre, de concourir à la liberté commune. C'était cet esprit de tribu que je cherchais à détruire; c'est dans cette vue que j'avais réuni une partie de la péninsule à la France, érigé l'autre en royaume. Je voulais déraciner ces habitudes locales, ces vues partielles, étroites, modeler les habitants sur nos mœurs, les façonner à nos lois, puis les réunir, les constituer, les rendre à l'ancienne gloire italienne. Je me proposais de faire de ces états agglomérés une puissance compacte, indépendante, sur laquelle mon second fils eût régné. Rome en fût devenue la capitale, je l'eusse restaurée, embellie. J'eusse déplacé Murat. De la mer jusqu'aux Alpes, on n'eût connu qu'une seule domination. J'avais déjà commencé l'exécution de ce plan, que j'avais conçu dans l'intérêt de la patrie italienne;... mais la guerre, les circonstances où je me trouvais, les sacrifices que j'étais obligé de demander aux peuples, ne me permirent pas de faire ce que je voulais pour elle. Voilà les motifs qui m'ont arrêté. C'est une faute, une grande faute, je le sentis en 1814, mais l'heure des revers avait sonné, le mal était irréparable [14]. » Ainsi il comptait sur le temps et sur la fortune, la fortune et le temps lui manquèrent. Il est permis aussi de croire que l'établissement de l'unité italienne et l'indestructible souvenir de la primatie de Rome furent, à une autre époque de sa vie, subordonnés au rêve que son ambition caressait par moments : la restauration de l'empire d'Occident avec la France pour centre et Paris pour capitale. Quoi qu'il en soit, l'Italie semblait s'associer elle-même à ce rêve éblouissant, comme si elle dût se consoler de n'être plus la reine des nations par la gloire d'avoir donné un maître à l'Europe. Lorsqu'il fut question de faire venir le pape à Paris pour la cérémonie du couronnement, le parti italien l'emporta dans le conclave « en ajoutant aux considérations politiques cette petite considération de l'amour-propre national : Après tout, c'est une famille italienne que nous imposons aux barbares pour les gouverner. Nous serons vengés des Gaulois [15] ! »

Sous une forme demi-sérieuse, on retrouve là le fond de ce vieil esprit italien qui rattachait toujours au droit impérial issu de Rome ses souvenirs, ses regrets et ses espérances.

Section IV

Loin de nous l'intention de décourager par cet examen rétrospectif, par cette énumération de tant de projets avortés, les généreuses aspirations du peuple italien, qui a suffisamment prouvé, en 1848 et en 1859, qu'il veut être à la fois indépendant et libre. Ces deux mouvements ont une signification très haute, puisqu'ils ont fait éclater au grand jour le principe de solidarité qui tend de plus en plus à unir tous les fils de l'Italie. Toutefois les avertissements de l'histoire ne peuvent être dissimulés et ne doivent pas être perdus pour les générations actuelles. Entre l'utopie unitaire de la monarchie romaine et le funeste *séparatisme* qui morcelait l'autorité en gaspillant sans profit pour personne toutes les forces nationales, il est un terrain où le parti modéré peut encore planter et affermir son drapeau. Il ressort assez clairement de l'opinion de l'Europe, opinion représentée en tout pays par les hommes vraiment libéraux, que l'Italie n'est point mûre pour l'institution d'un état unique. Outre la grave question de droit public qui serait engagée dans un pareil établissement, il y a encore des impossibilités matérielles et géographiques, des incompatibilités d'humeur, des rivalités invétérées et puissantes qu'il serait bien difficile de concilier. Ce qu'on s'accorde volontiers à reconnaître, c'est que l'Italie peut être prête pour une fédération d'états constitutionnels reliés entre eux par des intérêts généraux et par un sentiment commun, celui de l'indépendance nationale, à la condition pour ces états de se mouvoir particulièrement dans le sens habituel des besoins et des aptitudes de la population dont ils seraient formés.

Toutefois la confédération italienne peut rencontrer bien des obstacles, même en dehors de la tendance unitaire, et nul ne saurait dire encore quelle sera l'organisation future de la péninsule, ni même que cette organisation soit immédiatement réalisable. Sans vouloir donc rien préjuger, sans prétendre au rôle présomptueux et vain de prophète politique, n'est-il pas du moins permis d'émettre sur ce grand sujet quelques idées auxquelles nous sommes conduit par l'étude du passé et par la comparaison des temps présents? Que le pouvoir temporel du pape soit incompatible avec l'unité italienne, nous l'avouons sans difficulté; mais l'histoire ne démontre pas que ce pouvoir soit inconciliable avec le système d'une confédération. La présidence honoraire du pape, entraînant vraisemblablement le siège de la diète italienne dans la ville des grands souvenirs, n'aurait même rien qui nous effrayât, si la papauté pouvait se décider à reconnaître que la liberté des opinions politiques et religieuses est la condition essentielle de la responsabilité humaine, que l'homme ne vaut que parce qu'il est moralement libre. Nous comprendrions un établissement qui se rapprochât des idées de l'illustre et malheureux Rossi, lequel entendait bien que le chef des états de l'église, précisément à cause de son caractère pontifical, fût protégé par la fiction constitutionnelle, qu'on ne pût faire remonter jusqu'au prêtre les erreurs du souverain, qu'il continuât de régner avec une liste civile considérable et tous les attributs de la puissance séculière, mais entouré et couvert par des conseillers laïques dont l'administration se conformerait au véritable esprit moderne, celui de la tolérance, de l'équité, de la liberté dans l'ordre. A de telles conditions, le souverain pontife, père commun des fidèles, livré aux seules inspirations de son cœur et de sa conscience, ne pourrait-il pas, comme arbitre en dernier ressort, rendre d'utiles et éminents services, apaiser les rivalités, moraliser la politique, donner et laisser la paix de l'Évangile? Qui empêcherait d'attribuer alternativement la présidence effective et réelle de la diète fédérale au Piémont et à Naples, deux états géographiquement et politiquement destinés à se faire équilibre, pourvu que Naples, bien entendu, acceptât les institutions représentatives? Un pouvoir central aujourd'hui n'a chance de vivre qu'à la condition d'être intelligent et libéral. Serait-il impossible de trouver quelque combinaison politique qui permît de régir par des législations analogues les populations les plus rapprochées, de manière à développer plus largement entre elles les liens moraux de l'esprit public? Alors la diète fédérale pourrait être fortifiée par le concours des diverses représentations nationales; le conseil exécutif délégué par les gouvernements siégerait à côté d'une députation issue des entrailles mêmes du peuple italien. Ne serait-ce rien que de faire de l'Italie une grande puissance maritime au moyen de ces ports magnifiques, Gênes, Livourne, Castellamare, Brindes, Ancône, Venise, devenus arsenaux fédéraux, remplis encore d'une population d'habiles marins chez qui les traditions de l'activité commerciale ou guerrière ne demandent qu'à renaître? Et cette armée fédérale à qui l'armée piémontaise offrirait des cadres si parfaitement organisés, n'y a-t-il aucune espérance de la voir un jour mobilisée et réunie pour la défense de la patrie commune? Est-ce une chimère de concevoir les forteresses fédérales de l'Italie remises à des troupes italiennes, mais non pas indigènes : Plaisance par exemple gardée par des Napolitains, Gaëte par des Lombards, Mantoue par des Romains; la fusion enfin s'accomplissant par ces mille moyens de contact qui naissent de la liberté civile et que fortifie la discipline militaire?

Encore une fois, ce ne sont là que des conjectures, peut-être même des illusions ou des rêves. Dût aucune de ces idées n'aboutir à un résultat, nous ne regretterions pas de les avoir émises avec une conviction raisonnée. Dans notre pensée même, deux choses suffiraient pour aider puissamment à la solution d'un problème encore si obscur : la sincérité de l'Autriche et la patience de l'Italie. Beaucoup sont portés à suspecter la sincérité de l'Autriche quand ils se rappellent qu'elle n'a pas tenu les pompeuses promesses faites en son nom aux Italiens à la fin de 1813, et qu'elle a retiré en 1849 ses offres de transaction aussitôt qu'elle eut repris son ascendant militaire. Il semble pourtant aujourd'hui que l'intérêt même de l'Autriche lui fasse une loi de se prêter à l'organisation d'un pays où elle ne peut plus dominer. Son honneur est sauvegardé. La belle province qu'elle conserve couvre ses frontières et assure sa marine naissante; mais elle ne la conserve de droit et ne la gardera de fait qu'à la condition de la gouverner dans le sens de la nationalité italienne. Les réformes intérieures et la surveillance incessante des affaires de l'Orient doivent absorber désormais l'attention de ses hommes d'état. Nous savons bien que la politique autrichienne abdiquera avec peine les vieilles prétentions du saint-empire à régner sur l'ensemble de la grande famille des peuples européens. Le mot d'ordre des publicistes, sinon des diplomates autrichiens, consiste à persuader aux Allemands que toute la civilisation européenne, et la grandeur de l'Allemagne avec elle, seraient compromises si Vienne cessait d'être la capitale allemande. Ils présentent Vienne comme le point central de l'action réciproque des quatre grandes races de l'Europe, les races germanique, latine, slave et tartare, et soutiennent que de Vienne doit partir un mouvement de concentration de ces races plus étendu et plus considérable que celui dont cette capitale est aujourd'hui l'origine et le foyer. En ce moment, des faits invincibles parlent trop haut pour que l'Autriche puisse encore songer à absorber aucune portion de cette race latine qui la repousse obstinément. D'ailleurs tous ses moyens d'agir sur les trois autres races lui restent complets et entiers, et ce champ est, ce nous semble, assez vaste pour suffire à l'activité d'un grand pays.

Quand nous parlons de la patience de l'Italie, nous entendons que l'Italie conserve son attitude calme et ferme. Un peuple qui ne veut pas mourir participe de l'éternité divine : *Patiens quia aternus*. Quelques semaines ne sont rien pour qui attendit neuf cents ans. Cette patience d'ailleurs ne lui interdit pas, lui facilite même la manifestation sérieuse de tous ses vœux légitimes. On peut voir déjà qu'elle a adopté la formule de Charles-Albert : *Italia farà da se*, non pas dans ce sens littéral que l'Italie saurait se passer du concours sympathique et de l'appui matériel des autres peuples, — les événements n'ont que trop prouvé combien cette prétention serait téméraire ou du moins prématurée, — mais dans le sens moral qui donne à cette parole sa vraie portée. Le Piémont était resté indépendant et libre, parce qu'il s'était tenu à une égale distance de ces deux extrêmes : ou la passion d'une élévation chimérique, ou l'énervement d'une tranquille servitude. Il était en droit de rappeler à l'Italie qu'en politique elle a trop fait pour les autres et avec les autres, qu'elle a longtemps sacrifié à une grandeur idéale en dehors d'elle sa vie propre et sa nationalité distincte, qu'elle s'est attardée à reconstruire l'édifice vermoulu des anciens âges en épuisant sa verve littéraire dans de stériles imitations. *Italia farà da se*, cela veut dire que l'Italie prendra enfin possession d'elle-même, qu'elle développera librement et nationalement les ressources de son sol et de son climat aussi bien que les merveilleuses aptitudes du génie de ses habitants; cela veut dire enfin qu'instruite par le malheur et par l'expérience, elle est résolue à se donner non-seulement ces frontières naturelles qui forment une patrie, mais encore ces lois, ces institutions, ces mœurs qui font des hommes et des citoyens.

La situation moderne de l'Italie, que M. de Cavour avait définie au congrès de Paris et dans ses manifestes subséquents, et que la dernière guerre a eu pour but de modifier, était issue des traités de 1815. En réalité, elle avait ses racines dans un passé beaucoup plus lointain. Les petits princes italiens, groupés autour de l'Autriche et lui empruntant la force d'exister, n'étaient guère, sauf la différence des temps, que les vavasseurs lombards ou les républiques gibelines appelant les empereurs saxons ou souabes comme les vrais représentants de l'autorité et de la stabilité en Italie. Dans l'ordre politique comme dans l'ordre des choses naturelles, les mêmes causes ne doivent-elles pas produire les mêmes effets? En revenant ainsi à notre point de départ, quelques mots suffiront pour résumer l'esprit de cette étude. A notre avis, le vieux droit impérial a été surtout fatal à l'Italie en laissant flotter la souveraineté sans parvenir à la fixer nulle part, sans lui donner une constitution fondamentale, parce motif qu'il refusait même d'admettre la nationalité italienne. En même temps il a légué à la péninsule deux difficultés considérables : d'abord l'ingérence étrangère successivement introduite par l'Allemagne, par l'Espagne, par l'Autriche proprement dite, ingérence toujours subie, jamais acceptée ; en second lieu, la puissance temporelle du pape, laquelle, se confondant sans cesse avec l'infaillibilité spirituelle du pontife, déplaçait les bases purement humaines et laïques de la réorganisation intérieure de l'Italie. C'est surtout contre ces deux difficultés qu'a été dirigé le mouvement d'unification qui est venu compliquer la crise actuelle, car, en allant au fond des choses, on sent bien que c'est l'assujettissement du pape à l'Autriche qui seul perpétue la suprématie autrichienne en Italie. Là est le nœud de la question. Que le chef des états de l'église soit vraiment italien, et tout peut encore être sauvé. Les papes ont appelé en Italie des empereurs étrangers, et ils ont reçu de ces mains étrangères leur autorité temporelle. Après de longues luttes, terminées par une victoire dont ils n'ont pas su profiter pour organiser l'Italie, ils ont rétabli dans la péninsule le droit impérial, dont ils ont fini par identifier la cause avec celle du Saint-Siège. Le temps n'est-il pas venu de rompre avec ce passé funeste ? La faiblesse du pape en tant que prince temporel est, nous le savons, une faiblesse invincible, parce que le pape, comme suprême pontife, représente une force sociale immense ; mais, sans le violenter, ne peut-on s'adresser à sa conscience et à son cœur ? Quel rôle glorieux pour la papauté que la réparation d'une faute politique dont la conséquence a été l'asservissement de tout un peuple. Une noble résolution, accompagnée d'une persévérance énergique, et aussitôt les difficultés disparaissent ! Que le pape se déclare indépendant de l'Autriche : du même coup, l'indépendance italienne est assurée, les animosités séculaires s'apaisent, la nationalité italienne est garantie. Qu'il réforme son gouvernement, et du même coup la question de politique intérieure est simplifiée dans la péninsule tout entière. Comme moyen d'exécution, et dans les conditions que nous avons indiquées, l'association fédérative, dégagée d'une influence étrangère et suspecte, aidant à l'unité morale, préparant de loin l'unité politique, semble être une solution à laquelle doivent se rallier tous les bons esprits sous l'égide de la France. La souveraineté collective des divers membres de la confédération, pour peu qu'elle agisse dans une même vue patriotique et qu'elle offre aux forces isolées et divergentes un centre et un solide point d'appui, serait pour l'Italie un immense bienfait, car ce pays n'a jamais été ni administré ni régi suivant le sentiment et l'intérêt italiens. Pour tout peuple qui veut vivre, il y a un droit imprescriptible, supérieur à tous les droits écrits : c'est celui d'être bien et nationalement gouverné.

Notes

1.   Massimo d'Azeglio, Programma per l'opinione nazionale.

2.   Hist. diplom. Frederid II, t. IV, p. 409, 410.

3.   Raynaldi Ann. eccles., ann. 1310, § XIII.

4.   Cette argumentation, qui date du XIIIe siècle, fut aussi celle qu'adopta Napoléon dans son discours au corps législatif le 3 décembre 1809. « L'histoire, disait-il, m'a indiqué la conduite que je devais tenir envers Rome... Je n'ai pu concilier ces grands intérêts qu'en annulant la donation des empereurs français mes prédécesseurs, et en réunissant les États-Romains à la France. » On peut voir aussi les considérans du décret d'annexion et la curieuse lettre insérée dans le Moniteur du 11 janvier 1810.

5.   « Sed totum pro imperatoris amore donec venerit in pace

sustineamus. » Morena, Hist. rer. Laud., dans Muratori, Script, VI, 1129.

6.   « Non per compositionis formam, sed fuso sanguine, prout in arma furens imperium exigit, vellent Lombardes imperio subjici, » Hist. diplom. , t. V, p. 93, 94.

7.   Histoire de la Lutte des papes et des empereurs de la maison de Souabe, t. II, p. 398.

8.   Histoire de la Lutte des papes et des empereurs, etc., t. II, p. 219, 220.

9.   Histoire de la Lutte d s papes et des empereurs, t. III, p. 345.

10.   On désigne communément sous ce nom les vingt-trois ans qui s'écoulèrent de la mort de Frédéric II à l'avènement de Rodolphe de Habsbourg, période durant laquelle il n'y eut réellement pas d'empereur.

11.   Murator., Antiq. ital. med. œvi, t. IV, p. 8.

12.   Projet de préliminaires porté à Turin par M. de Champeaux, janvier 1746.

13.   Instructions datées de Versailles le 19 février 1746.

14.   Derniers momens de Napoléon, par Antomarchi, publiés à la fin du Mémorial.

15.   Mémorial de Sainte-Hélène, t. Ier, p. 546.

ISBN : 978-1987634129